Todos los libros de Linkgua Ediciones cuentan con modelos de Inteligencia Artificial entrenados por hispanistas. Pregúntale al chat de tu libro lo que desees acerca de la obra o su autor/a.

Para ebooks: Accede a nuestro modelo de IA a través de este enlace.

Para libros impresos: Escanea el código QR de la portada con tu dispositivo móvil.

Obtén análisis detallados de nuestros libros, resúmenes, respuestas a tus preguntas y accede a nuestras ediciones críticas generativas para una experiencia de lectura más enriquecedora.
La transparencia y el respeto hacia la autoría de las fuentes utilizadas son distintivos básicos de nuestro proyecto. Por ello, las respuestas ofrecen, mediante un sistema de citas, las fuentes con las que han sido elaboradas.

Emilio Castelar

Discurso sobre la Primera internacional

Barcelona 2024
Linkgua-ediciones.com

Créditos

Título original: Discurso sobre la Primera Internacional.

© 2024, Red ediciones S.L.

Diseño de la colección: Michel Mallard.

ISBN rústica ilustrada: 978-84-9007-144-1.
ISBN tapa dura: 978-84-1126-706-9.
ISBN ebook: 978-84-9897-671-7.

Sumario

Brevísima presentación

La vida
Emilio Castelar y Ripoll (1832-1899). España.
Nació en Cádiz y estudió derecho y filosofía y letras en la universidad de Madrid (1852-1853). Actuó en la vida política defendiendo las ideas democráticas; fundó el periódico La Democracia, en 1863, y apoyó el republicanismo individualista. A causa de un artículo contrario a Isabel II, fue separado de su cátedra de historia de España de la universidad central, lo que provocó manifestaciones estudiantiles y la represión de la Noche de san Daniel (10 abril 1865). Castelar conspiró contra Isabel II y se exiló en Francia, donde permaneció hasta la revolución de septiembre (1868). A su regreso fue nombrado triunviro por el partido republicano junto a Pi y Margall y a Figueras. Diputado por Zaragoza a las cortes constituyentes de 1869. Al proclamarse la I república ocupó la presidencia del poder ejecutivo. Gobernó con las cortes cerradas y combatió a carlistas y cantonales. Tras la reapertura de las cortes, su gobierno fue derrotado, lo que provocó el golpe de estado del general Pavía (3 enero 1874). Disuelta la república y restaurada la monarquía borbónica, representó a Barcelona en las primeras cortes de Alfonso XII. Defendió el sufragio universal, la libertad religiosa y un republicanismo conservador y evolucionista (el posibilismo).
Emilio Castelar murió en 1899 en San Pedro del Pinatar.

El presente discurso es una interesante reflexión sobre el socialismo del siglo XIX, la actividad parlamentaria y la posiciones de la izquierda y derecha políticas de la época.

La Primera Internacional o Asociación Internacional de los Trabajadores (AIT), fue la primera organización transnacional para unir a los trabajadores de los diferentes países. Fundada en Londres en 1864, agrupó en un inicio a los sindicalistas ingleses, anarquistas, socialistas franceses e italianos republicanos. Sus fines eran la organización política del proletariado en Europa y el resto del mundo, así como organizar un foro para examinar problemas en común y proponer líneas de acción. Colaboraron en ella Karl Marx y Friedrich Engels.

Discurso sobre la Primera internacional

I

Confieso que me siento perplejo como nunca al combatir la política resumida en las importantísimas declaraciones del señor Ministro de la Gobernación. Sus dudas han sido tantas, y tanta su incertidumbre; ha afirmado y negado los mismos propósitos en tan breve espacio y por tan palmarias contradicciones, que es imposible deducir el sentido práctico de este debate, ni el fin concreto a que en este debate caminamos. Ya parecemos austero tribunal de justicia, ya erudita Academia de economía y de derecho, ya antiguo Consejo, un cuerpo consultivo, a cuyas luces acude el Gobierno para esclarecer su inteligencia y determinar su voluntad a decisivas resoluciones, todo lo parecemos, todo, menos una Asamblea Legislativa.

No se traen de esta suerte los más pavorosos problemas a las más altas Asambleas. Aquí no se discute, no se ponen frente a frente los principios para definirlos o esclarecerlos como en las universidades; aquí se delibera; es decir, se piensa, se reflexiona, se discute para ir inmediatamente a la acción y tomar las resoluciones que a una Asamblea legislativa cumplen. Y en esta sabia controversia presente, ni sé qué quiere el Gobierno de nosotros, ni sé tampoco lo que nosotros representamos, y valemos, y somos.

Hay asociaciones, y no pueden ser prohibidas; que su derecho constitucional a existir es tan sagrado como el derecho del Rey a reinar. Pero con motivo del ejercicio de un derecho pueden cometerse crímenes o delitos. El procedimiento para castigarlos, claro está en el Código fundamental. ¿Faltan los individuos de una asociación? Pues se castiga a los individuos y se deja en paz la colectividad. ¿Faltan por los medios que la asociación les da? Pues el único derecho legal de la autoridad política y administrativa es suspender la asociación y entregarla a los tribunales inmediatamente. Ellos deciden del tuyo y el mío, y ellos decidirán entre el poder y la libertad, entre el Gobierno y las asociaciones. ¿Son éstas inmorales, proponiéndose cometer un hecho o una serie de hechos penados? Pues que las persiga el ministerio fiscal. ¿Son tan poderosas que con ellas no puede coexistir el Estado? Pues se trae aquí una ley para abolirlas. Tales son los procedimientos legales. Pero lo que no tiene nombre, lo que no puede tener explicación, señores Diputados, es lo largo y lo inútil de este debate, en que el Gobierno pide y obtiene por todo resultado una especie de información parlamentaria, extraña, antilegal, sin formalidad, sin madurez, impropia de nuestros deberes y de los suyos; una información que lo esclarezca para proceder contra una sociedad que lo aterra. ¿Es inmoral, es amenazadora?, pregunta al Gobierno. Pues la destruiremos. ¿No parece al Congreso ni amenazadora ni inmortal? Pues la respetaremos. Yo la creo, añade el Gobierno, perturbadora e inmoral. Mas ilustradme, señores Diputados, ilustradme. Y he aquí una Cámara legislativa, soberana en su esfera, hoy reducida a cuerpo consultivo. Mas resignémonos; ya que el Gobierno quiere ser ilustrado, ilustremos de buena fe al Gobierno; que harto lo necesita.

Y no podemos hacer más, porque ningún Diputado sabe lo que el Gobierno exige del Congreso. Ninguno sabe si pide que el Congreso legisle, lo cual estaría en sus atribuciones; o en que el Congreso juzgue, lo cual sería tanto como usurpar su ministerio a los tribunales; o que el Congreso ejecute, lo cual sería tanto como despojar de sus atribuciones al Gobierno. El Ministro, señores, no tiene idea alguna de los poderes públicos, ni de las varias y concéntricas esferas en que esos poderes se mueven. Constreñido, asfixiado ayer por la lógica inflexible, contundente, de un antiguo y queridísimo amigo mío, el señor Ministro de la Gobernación materialmente no sabía qué contestar, y yo tengo grande afición a luchar con enemigos que de esta manera se retiran, que de esta manera se esquivan, que de esta manera huyen. Hay además otra razón gravísima todavía para hallarme perplejo en estos momentos supremos. Yo creo, yo tengo, no por mi persona, sino por esta Cámara, la satisfacción de creer que en crisis tan difícil, cuando resolvemos el problema por excelencia de este momento histórico, el problema de aliar el orden con la libertad. Europa entera nos atiende. ¿Qué digo, Europa? todo el mundo civilizado nos atiende. Por eso me levanto a esquivar todo ataque fuerte, como ataque personal; por eso ni enconaré los ánimos, ni moveré ninguna pasión, a fin de que permanezcamos en la serena región de los principios.

Señores Diputados, cuál fue mi asombro cuando ayer, dirigiéndonos al señor Ministro de la Gobernación un argumento ad terrorem, nos decía: «Aquel que me llame reaccionario es un calumniador». Y yo, que digo que su origen es reaccionario, que su política es reaccionaria, que sus sentimientos son reaccionarios, que es reaccionaria su actitud ante la Internacional, tengo tan empedernido mi corazón y tan encallecida mi conciencia, que no siento aquí (señalando al corazón) ningún dolor, ni aquí (señalando a la cabeza) ningún remordimiento.

Pues qué, señores Diputados, ¿un calificativo político puede ser de ninguna suerte calumnioso? Yo hago al señor Ministro de la Gobernación completa justicia respecto de sus intenciones respecto de sus móviles patrióticos; pero si el llamar a uno reaccionario fuera calumnia, ¿qué diría esa fracción católica, en la cual se sientan venerables sacerdotes, muy venerables, muy dignos de su alto ministerio, y que sin embargo son reaccionarios? ¿Pues qué es lo que queréis? ¿Se quiere derrocar sin causa ni motivo un Gobierno liberal, cohibir la manifestación del pensamiento humano, vulnerar asociaciones legales, coincidir con el criterio de los alfonsinos, merecer los plácemes y los aplausos de los absolutistas, y luego alcanzar, por añadidura, el dictado de liberales? No, señores; el ser liberal consiste en aceptar la libertad con todos los inconvenientes que tenga, con todos los obstáculos que oponga, con todos los errores que siembre; pues por muchos que sean, jamás sobrepujarán a sus innumerables beneficios.

Señores Diputados, he dicho que ese Gobierno es reaccionario por el sentido político que tiene, y aquí voy a hablar de alguna cuestión que se ha debatido muchas veces, y la cual me toca personalmente, porque el Congreso, si no ha olvidado mis pobres discursos, recordará que yo soy el autor de la palabra actitud benévola respecto de un Gobierno liberal; palabra que trazada una conducta, seguida sin pacto ninguno, ni anterior ni posterior, con lealtad y consecuencia de que hay pocos ejemplos en los fastos nuestra la historia parlamentaria.

Había, ya no lo hay, un Gobierno liberal sentado en ese banco. Este Gobierno tuvo tal fuerza dentro, que pudo dar una amnistía, prenda de gratitud para quien la recibe y prueba de vigor en quien la da; y tal crédito fuera, que pudo levantar un empréstito en el extranjero a condiciones muy favorables para nuestro Erario. La política española había resuelto el problema cuya solución tan solo está reservada a los pueblos más ilustres de la tierra, a los Estados Unidos, a la Confederación suiza; el problema de aliar el orden con la libertad. Y cuando ese Gobierno presentábase aquí a someteros su conducta y a discutir su política, sin escucharlo, cual si se tratase de enemigos de la Constitución y de la Patria, en una serie de confabulaciones, si parlamentarias, también oscuras, como las confabulaciones de 1843 y de 1856, llamándoos progresistas y obteniendo por vez primera el poder para vosotros solos, después de treinta años de proscripción o de impotencia, derribasteis ese Gobierno, que también se llamaba como vosotros, para que el mundo diga de los antiguos progresistas, gentes sin ningún salvador instinto de conservación, para que diga el mundo del antiguo partido progresista, que es, como parecen ser los chinos en La Habana, una raza suicida. (Risas y aplausos en la izquierda.)

Yo soy, señores Diputados, yo soy el autor y el principal responsable de la frase expectación benévola ante un Gobierno radical. Yo acepto la responsabilidad de esta frase y de la conducta que expresa ante las Cortes; yo la acepto ante el juicio de la Nación; yo la pido, la reclamo para mí ante la parte más ardorosa y entusiasta de nuestro partido, que midiendo por su generosísima impaciencia la eterna paciencia de los pueblos, cree poder engendrar con una palabra una revolución, y poder cambiar con una revolución las perezosas e inertes sociedades humanas, las cuales solo marchan hacia adelante cuando, tras el impulso de muchos y muy repetidos esfuerzos, reciben el vapor de muchas y muy poderosas ideas. Voy, señores Diputados, a revelar a la Cámara el fondo de mi corazón y de mi conciencia; a depositar en el seno de la Cámara el secreto de toda mi política. Yo creo que vencidos los antiguos poderes, transformadas las presentes generaciones; roto el cesarismo, que era la clave de la reacción europea; caída la autoridad temporal de los Papas, que era como la última sombra de la Edad Media en nuestros horizontes; disuelta la antigua Austria, núcleo de la Santa Alianza de los Reyes, y más vivo cada día el ideal de la joven América ante los ojos de los pueblos, nadie puede impedir, nadie, por fuerte que parezca, el próximo advenimiento a toda Europa de la idea y de la fórmula social porque nosotros suspiramos, el próximo advenimiento de la federación y de la república. (Grandes denegaciones en la derecha.)

Señores Diputados, cuestión es de tiempo, y el tiempo dará razón o a mis afirmaciones o a vuestra negativa. Mas la fe en el progreso humano y el estudio continuo de la historia me inspiran confianza inalterable en el próximo cumplimiento de mi aserto. Hay dos caminos para llegar a la república: el camino de la legalidad y el camino de las revoluciones. Por el camino de la legalidad, la república vendrá más tarde, pero vendrá mejor, para los que sobre toda interés y sobre toda satisfacción personal ponemos los intereses y las satisfacciones de la Patria. Pero el camino de las revoluciones, que necesariamente ha de abrir una política tan ciega como la política que ahora se inicia, la república vendrá más pronto pero vendrá peor, porque vendrá en pos de una de esas crisis violentas, que no pueden atravesar sin resentirse y quebrantarse para mucho tiempo las sociedades modernas. Y he aquí por qué yo preferiré siempre la política del Ministerio anterior a la política de ese Ministerio. Aquella política me aseguraba el ejercicio de los derechos individuales, y con el ejercicio de los derechos individuales, el advenimiento más tardío, pero también más pacífico, de la república. La política presente, al mermar los derechos individuales, nos acerca a una revolución y al acercarnos a una revolución, también nos acerca a la república, que vendrá, sí, mas entre catástrofes que solo puede conjurar la libertad. Y he aquí la razón del combate que estoy resuelto a dar a la política oscura, sin rumbo, sin norte, de ese débil y funestísimo Ministerio que tiene bajo sus plantas el peor de los abismos, el abismo de lo desconocido.

Y hechas estas declaraciones, entro resueltamente en el fondo de tan grave y trascedentalísimo debate. ¿Qué es la Internacional? Y dice el señor Ministro de la Gobernación: «es una sociedad inmoral». ¡Una sociedad inmoral! Pues entonces, ¿dónde están los tribunales españoles? ¿De qué sirven los fiscales en España? La Internacional coexiste con la revolución de Septiembre. La Internacional lleva ya tres años de vida. La Internacional ha querido comités y los ha fundado. La Internacional ha convocado reuniones y las ha tenido. La Internacional ha llamado congresos y los ha celebrado. La Internacional ha querido fundar periódicos y los publica todavía.

En una ocasión, llevada de sus ideas cosmopolitas, al celebrarse la fiesta cívica y patriótica del 2 de Mayo, realizó una manifestación contra las rivalidades de los pueblos; y como quisieran algunos cohibirla por medios violentos, levantáronse a su favor, a favor de su derecho, aquí en el Congreso y allá en el Senado, voces elocuentísimas. Dijo a los pocos días que no contaba con libertad bastante para celebrar sus reuniones, y las autoridades le aseguraron que tenía toda la amplia libertad contenida en nuestras leyes. La Internacional ha dado manifiestos, ha llamado la atención pública, ha discutido con elocuentísimos representantes de la Nación española. Y yo pregunto: pues qué, ¿en España no hay tribunales? ¿Se hubiera consentido que una sociedad cualquiera hubiese estado tres años a la luz del día diciendo que iba a batir moneda falsa, o acuñando esta moneda o repartiéndola? ¿No se hubiera sublevado la conciencia pública indignada, no se hubiera excitado el celo de los fiscales, y no hubiera llegado la voz de la opinión hasta el sereno asilo de la justicia? Esa asociación temerosa ha vivido, hablado, escrito, difundídose por doquier a la sombra de la Constitución. Luego no era contrario a su existencia el juicio de los tribunales.

Ha sido necesario que cayera un Ministerio radical; ha sido necesario que comenzase la interpretación de nuestro Código político en sentido restrictivo y reaccionario, para que apareciese inmoral esta sociedad. De suerte, señores Diputados, que aquí no se debate la Internacional, ni su historia, ni su objeto, ni sus tendencias, ni sus principios, ni su desarrollo, ni sus aspiraciones; aquí lo que se debate es la libertad de pensar y de asociarse. Pues precisa que nosotros las defendamos a toda costa.

Atendiendo a esto, en vista del absurdo que resulta de que una sociedad ilícita esté tres años ejerciendo todos sus derechos sin que los tribunales intervengan, el señor Ministro de la Gobernación, que se acoge a todo, a quien todo le sirve de arma, indica que tal vez presentará una ley para disolver esa sociedad. ¿En qué casos puede S.S. presentar una ley de tal naturaleza? En el caso de que la Internacional comprometa la seguridad del Estado; en ése, y no en otro caso.

Pero, ¿compromete verdaderamente la seguridad del Estado? Aquí, en esta Cámara, hay antiguos amigos míos, cuyas ideas yo conozco, cuya competencia administrativa todo el mundo reconoce; aquí hay gobernadores que pertenecen al partido conservador, entre ellos mi condiscípulo el señor Gallostra es un ejemplo de lo que estoy diciendo; gobernadores que no se han atrevido a perseguir a la Internacional. El señor Gallostra ha estado al frente de una provincia donde existe la Internacional. ¿Por qué no la prohibió? ¿Por qué no la persiguió un gobernador tan ilustrado, tan digno y tan competente como S.S. (El señor Gallostra pide la palabra para una alusión personal.) ¿Por qué? Porque no podía, porque no se pueden disolver sino por una ley ciertas sociedades, y no se pueden dar esa clase de leyes sino contra aquellas sociedades que atentan a la seguridad del Estado.

Y ¿atenta la Internacional a la seguridad del Estado? ¿Dónde están, señores Diputados, sus sublevaciones? ¿Dónde están sus guerras? ¿Dónde está su actitud belicosa y revolucionaria? Hay aquí dos partidos extremos: el partido absolutista y el partido republicano. Estos dos partidos en varias ocasiones, provocadas o no, han dado al viento la bandera de la revolución. El partido absolutista ha recorrido en armas gran parte de las Provincias Vascongadas; el partido republicano ha recorrido en armas una gran parte de las provincias españolas. El partido republicano ha librado batallas en Cádiz, en Málaga, en Barcelona, en Zaragoza, y ha sostenido heroico sitio en Valencia. Esos partidos atacan más la seguridad del Estado que la ataca la Internacional. ¿Por qué no presenta el señor Ministro una ley de disolución para esos partidos, que se han alzado en armas contra el Gobierno? Porque son fuertes. ¿Por qué trata de presentarla contra una sociedad naciente? Porque es débil, humilde, de pobres trabajadores. No lo consentiremos. ¡Ah, señores! Esa sociedad, que hoy es una sociedad débil, que hoy es todavía una sociedad debilísima, sería fuerte, sería amenazadora, si comparamos sus fuerzas, cualesquiera que ellas sean, con las fuerzas de ese Gobierno incógnito. (Risas.)

Precisemos la cuestión que se debate, señores Diputados. La cuestión que se debate, considerada en su sentido lato, es una cuestión de derecho constituyente, o mejor dicho de derecho natural: considerada en su sentido estricto, es una cuestión de derecho constitucional. Todo el mundo sabe el comentario perpetuo que aquí se dio en elocuentísimos discursos a los artículos del título 1.º de la Constitución. Todo el mundo sabe que excepto algunos Diputados tradicionalistas, que entonces eran pocos en número, y excepto algunos empedernidos doctrinarios, que entonces eran pocos, y ahora también son pocos, todos los partidos que estaban representados en la Cámara, todos aceptaron los derechos individuales, creyéndolos inherentes a la personalidad humana, y todos los votaron, como en la noche del 4 de agosto de 1789 votaron los Diputados de la Asamblea Constituyente francesa los derechos fundamentales de la humanidad, casi por aclamación.

Y ¿qué creímos? Creímos sin autoridad a la ley para cohibir ni limitar el ejercicio de esos derechos que la naturaleza nos ha dado, y que la Constitución no hacía más que reconocernos. Por consiguiente, cuando el señor Ministro de la Gobernación quiere limitar el derecho de los derechos, aquél que es más inherente a la personalidad humana, el derecho de expresar el pensamiento, el señor Ministro de la Gobernación, y no la Internacional, es el rebelde, el que se subleva contra el Código fundamental del Estado. (El señor Alonso Martínez pide la palabra.)

Sí, lo repito, cuando quiere presentar su señoría una ley contra asociaciones que en nada conspiran contra la seguridad del Estado y que no cometen ninguno de los delitos definidos por el Código Penal, S.S. es quien verdaderamente se subleva contra el Código fundamental, quien verdaderamente lo desconoce y lo desacata.

Señores Diputados, declarados así los derechos individuales, y habiéndose aprovechado de ellos todos los partidos, permitidme que extrañe la conducta de un partido de oposición, la conducta del partido isabelino, alfonsino o borbónico.

Desde la resolución de Septiembre, después de aquel triunfo súbito, si aquí había algo de subversivo, si aquí había algo sedicioso, sí aquí había algo que pudiera temerse, era la proclamación de una dinastía con fuertes raíces en los hábitos, en las costumbres del pueblo español, siempre consecuentemente; la proclamación de una dinastía, que contaba con apoyos antiquísimos en la administración pública y en las dos milicias que defienden al Estado, en el clero y en el ejército. Sin embargo, os habéis aprovechado de esos derechos individuales que no reconocéis y que combatís; habéis proclamado que la reina Isabel era la reina legítima, delante de la soberanía nacional; habéis fundado periódicos para reconocerla y proclamarla también; tenéis casinos, tenéis reuniones; vuestros hombres públicos van y vienen al extranjero y celebran toda clase de conciliábulos sin que nadie les moleste y sin que nadie moralmente los censure; y cuando gozáis de todo eso merced a nuestra libertad, cuando tenéis todos esos privilegios que jamás gozáramos bajo vuestro dominio, venís, ¡ingratos!, a combatir los derechos individuales, que son nuestro seguro en la desgracia y el título único de legitimidad para vuestra existencia.

Ya sacará la dinastía reinante las consecuencias de vuestra conducta. El día en que se halle segura, el día que la rodee el partido conservador, creerá esa dinastía que ella es la clave de la religión, que ella es la clave de la propiedad, que ella es la clave de la moralidad, que ella es la clave del Estado, y entonces os proscribirá a vosotros por peligrosos, como antidinásticos, y al proscribiros, ¡ah!, os arrojará a la cara pedazos de vuestros actuales discursos. (Aplausos.)

Señores Diputados, todavía me extraña más otra actitud; la actitud del partido tradicionalista. (El señor Nocedal [Cándido] pide la palabra.)

Yo no he tenido la honra de oír, a causa de estar enfermo, si no hubiera venido a primera hora, el elocuentísimo discurso del señor Nocedal, hijo, discurso magistral, y mucho más en labios de una persona que parece destinada a perpetuar la justa y merecida reputación parlamentaria del señor Nocedal padre, a quien nombro para que use luego de la palabra. (Los señores Esteban Collantes y Cánovas del Castillo piden la palabra.)

Señores Diputados, o yo conozco mal las interioridades del partido tradicionalista español, o yo creo que es antes religioso que político, y antepone el catolicismo a la Monarquía, y eleva al Papa sobre todos los reyes y cree la primera de las autoridades divinas y humanas en la esfera social, la autodidacta de la Iglesia. (Signos afirmativos en los bancos de los señores Diputados tradicionalistas.)

Celebro no haberme equivocado. La Iglesia tuvo un tiempo el predominio moral y político, si no sobre la tierra, sobre la Europa civilizada. ¿Por qué medios, por qué procedimientos, la Iglesia conservaba ese dominio? Por medio de las órdenes religiosas. ¿Qué órdenes religiosas servían especialmente a la Iglesia? Desde las Cruzadas hasta el siglo xiv, los templarios; desde el siglo XVII hasta nuestro tiempo los jesuitas. Fue indispensable fundar la autoridad de aquellos reyes, a quienes una voz elocuente llamaba víboras coronadas.

Para fundar la autoridad de estos reyes fue necesario fundar el poder civil y para fundar el poder civil fue necesario destruir el poder teocrático, y entonces, ¿qué se hizo? Se empezó a combatir las órdenes monásticas. No existían los jesuitas en la Edad Media; pero existían los templarios, y se les calumnió como ahora se calumnia a la Internacional; se les persiguió, se les escarneció, se les arrancó su jurisdicción, se les despojó de sus propiedades, se les negó su vida legal, y luego, en aquellos tiempos, que eran más bárbaros que los nuestros, se les mandó al cadalso.

Y cuando, perseguidos por la implacable saña de los jurisconsultos, que iniciaban la emancipación intelectual; acusados por el furor de los reyes, que tendían al absolutismo de su autoridad heredada; los caballeros templarios, los caballeros andantes de la religión, ardían en las hogueras, entre los aullidos de la muchedumbre, lo que las llamas devoraban realmente era el poder político de Roma, herido y desangrado sobre aquellas cenizas.

La consecuencia última de todo este movimiento civil, de la sustitución del derecho romano al derecho canónico, del predominio de los Reyes sobre los Papas, del cautiverio pontificio en Avignon, de los cismas que desgarraban la Iglesia, de los Concilios que preparaban al abortado triunfo de una democracia religiosa; la consecuencia de este movimiento social, tan lógicamente encadenado como los teoremas y los corolarios de un problema matemático, y como la serie rigurosa de las ideas en un sistema científico, la consecuencia última y definitiva fue la aparición de la Reforma. Y la Iglesia encontró en sus ideas de autoridad, en las entrañas de su misticismo, en el batallador férreo carácter de esta raza española, que había combatido setecientos años con los moros, y estaba dispuesta a combatir trescientos con los luteranos, encontró una orden que se despojaba de su conciencia y de su voluntad propias, que mataba con abnegación sobrenatural el alma y la responsabilidad humanas, para contrariar, como una máquina, como un ejército de singularísima disciplina, la acción del nuevo cristianismo, la acción del nuevo arte, la acción de la nueva ciencia, la acción de la nueva política, hasta producir una de esas reacciones tremendas y universales, que si no han ahogado, han detenido al espíritu humano en su progresivo crecimiento.

Pero esta orden tenía un enemigo poderosísimo, tenía por enemigos los filósofos, los representantes de la ciencia moderna. Y como sucedió a los estoicos en la Roma antigua, sucedió a los filósofos en la Europa moderna: se convirtieron de secta científica en secta política. Y al finalizar el siglo pasado se habían apoderado de los Reyes. Y al apoderarse de los Reyes les había imbuido su odio a los jesuitas. Y los filósofos mandaban con Choisseul en Francia, con Pombal en Lusitania, con Aranda en España, con José II en Austria, con Leopoldo en Toscana; y la filosofía, ¡oh sarcasmo?, llegó a ceñirse hasta la helada tiara de los Papas.

Y en una mañana eternamente célebre, los alcaldes de casa y corte de vuestro Rey y señor Carlos III se personaron a la puerta de los conventos; intimaron a los jesuitas que tomaran un breviario y los siguieran; y fueron los jesuitas conducidos a las orillas del mar, embarcados, proscritos, maldecidos, calumniados; y como ningún pueblo, ni Gobierno ninguno, ni el Papa mismo, quería en sus dominios recibirlos, estuvieron largo tiempo, cual si la tierra de su seno los rechazara, a merced de los vientos y de las olas, ellos, que habían dominado con su poderosa organización toda la tierra.

Y la reacción contra los órdenes monásticas se ha llevado tan lejos, que las almas místicas, esas almas que como el fuego suben de la tierra al cielo; esas almas, que se disipan como la celeste nube de incienso en las regiones de lo infinito, separándose del mundo y hasta del seno de la naturaleza, no encuentran, ¡ah!, en medio de tantas fábricas consagradas a la industria, de tantas máquinas consagradas al trabajo, de tantas Bolsas donde se contratan intereses, de tantos Parlamentos donde se dilucida política; en medio de tanto positivismo, no encuentran uno de esos monasterios, una de esas, islas morales, donde comunicarse al pie del altar por la contemplación con los muertos y por las plegarias religiosas con los vivos, anticipándose en sus éxtasis la visión beatífica, que ha de darles, cuando sus cuerpos se desciñan de las ligaduras de la materia, en la plenitud de la bienaventuranza, el amor infinito para saciar la sed del corazón, y la verdad absoluta para satisfacer el anhelo de la sublime inteligencia. (Aplausos.)

Habéis hablado de exterminar asociaciones económicas, asociaciones de tendencias, si erróneas, humanitarias, vosotros que no podéis recobrar vuestro antiguo influjo más que por un solo medio, por el restablecimiento de las asociaciones religiosas. Permitidme que deplore vuestra imprevisión en este asunto.

Y añadís más, añadís con grande elocuencia, pero imprudentemente: esas ideas de la Internacional no se discuten, esas ideas se exterminan. Eso es lo que se hacía el año 36 con los frailes de Barcelona y de Madrid. ¿Pues qué, la Internacional no es una colectividad de seres libres, responsables, humanos? ¿No merecen al menos que sean examinados sus principios, y no exterminados? Ya no bajan señores Diputados tradicionalistas, ya no bajan, no, ángeles exterminadores. (Voces en los bancos de los señores Diputados tradicionalistas: Han bajado en París.)

¿París? Me citáis a París, que es la explícita condenación de todos vuestros sistemas de gobierno. La capital que elaborara la filosofía de la libertad, que escribiera el Decálogo de las revoluciones, asaltada en tristísima noche por una turba de pretorianos rebeldes, sin resistirse como debiera hasta el sacrificio, entregó su libertad al despotismo, que después de haberla amordazado y envilecido, después de haberla arrastrado a guerras caprichosas y contradictorias, cuando estaba exánime, la entregó a su vez a una invasión rodeada de todas las calamidades que acompañan a estos azotes; castigo tremendo, horrible, sin ejemplo por lo intenso y por lo doloroso; pero castigo no tan grande, en verdad, como la culpa de haber aceptado, y si no aceptado, consentido un régimen plausible a los jesuitas y a los neocatólicos: el régimen bizantino del imperio. (Aplausos en la izquierda.)

¡Ah, señores! El despotismo necesita la guerra, porque tiene sed de sangre y hambre de carne humana, y la guerra trae siempre esas grandes y pavorosas y apocalípticas catástrofes.

Pero, señores, yo sé lo que se me va a decir: se me va a decir que combato con este ahínco, porque combato en causa propia. El señor Ministro de Gobernación, que nos tachaba de calumniadores cuando nosotros le llamábamos reaccionario, calificación que no da lugar a ningún procedimiento de oficio, quiere procesar a los internacionalistas, y nos llama a todos nosotros, o a una parte de nosotros, aun a aquel que ha dicho que no lo es, nos llama internacionalistas. Aquí el Diputado que es internacionalista lo dijo en su sazón oportuna. Si hubiera otro que lo fuese, lo dirá también. No ocultamos jamás nuestras ideas. Yo no lo soy, yo no participo de los principios de la Internacional. Bien al contrario, señores, combato por quien me ha combatido a mí; defiendo a quien me ha acusado a mí. Hay que saber que el periódico La Emancipación, de la Internacional, ha dicho estas palabras: «Las clases trabajadoras se entusiasman mucho por la república y hablan mucho de la república. ¡Inocentes! Les pasará lo mismo que con la desamortización; la república no servirá sino para aumentar el predominio de las clases medias». Un periódico, La Federación, se ha dirigido al más ilustre defensor de la idea social, se ha dirigido al publicista respetabilísimo, al Diputado que todos oyen como un oráculo y le ha dicho que era inconsecuente y olvidadizo. Esa sociedad ha dicho de otro Diputado, de uno de los que más conocen la cuestión social, y que más ha trabajado por el socialismo tal vez en Europa; ha dicho, asombraos, del señor Garrido, que es un instrumento dócil de las clases medias.

No he extrañado nunca, señores Diputados, que la Internacional me combatiera a mí. Estaba en su derecho. De antiguo sabía, excuso repetirlo, error o verdad, de antiguo sabía que yo he defendido siempre estos principios: la emancipación económica y social de las clases trabajadoras, como complemento de su emancipación religiosa, de su emancipación científica, de su emancipación política. Pero al defender esta emancipación económica les he dicho también que en esta emancipación no tengan pretensiones exclusivas; porque sean cualesquiera sus ideales, sean cualesquiera sus intereses, hay dos cosas que no pueden perecer nunca: el derecho individual en toda su extensión, y la propiedad individual en toda su pureza.

Y, señores Diputados, lo que aquí necesitamos hacer para revestir el carácter de cuerpo consultivo, que nos ha dado el señor Ministro de la Gobernación, lo que necesitamos hacer aquí es informarle con nuestras luces, con nuestros estudios (yo tengo pocas luces y pocos estudios), con nuestros medios, informarle de lo que es la Internacional. Y yo, señores Diputados, que he asistido a algunos de sus Congresos y que en alguna de sus discusiones he tomado parte personal en Europa, yo, señores, voy a tratar de instruir en este punto, en lo que pueda, al señor Ministro de la Gobernación. Es una cuestión puramente académica, y yo sentiré mucho molestar la atención de la Cámara; pero como no me propongo nunca conseguir, aunque me tachen de artista, como no me propongo conseguir nunca efectos retóricos, prefiero cansar a la Cámara, a dejar de decir todo lo que tengo que decir, anticipándoos que es largo y es pesado.

Esta cuestión, señores, se enlaza con todas las cuestiones humanas. La revolución moderna es una y solidaria, bien que tenga diversos aspectos y se desarrolle en larga serie. Toda ella comenzó en el momento en que mundo civilizado quiso destruir la antigua forma política, es decir, la teocracia, y el antiguo contenido social, es decir, el feudalismo. Por consiguiente, la revolución moderna comienza en el tercio último de la Edad Media, El siervo que se ha dejado sus cadenas, sobre el terruño del municipio, aspira a crecer socialmente, como aspira a crecer naturalmente el vegetal que ha logrado salir de la tierra a la luz. El primer elemento que se transforma es, parece imposible, el más material y el más grosero, el planeta. Aquella tierra que a los ojos de la teología era como la losa de un sepulcro, rompe la bóveda de cristal sí, la máquina neumática bajo la cual yaciera, y se convierte en el globo bruñido de luz, que boga acompañado de su satélite en continuo y armonioso movimiento por el éter infinito. Las antiguas formas hieráticas del arte religioso se desvanecen, y el Renacimiento reconcilia al hombre con la naturaleza, y vuelve a divinizar, como la antigua Grecia, la hermosa humana forma. Un movimiento religioso y popular reivindica para el género humano la propiedad de la conciencia. Y cuando este movimiento religioso ha logrado su triunfo internacional en la paz de Westfalia, comienza el movimiento filosófico a dar ideas a la razón y a promulgar los Códigos universales de la sociedad y de su política.

Y cuando, merced a los grandes escritores franceses del pasado siglo, las ideas abstractas de la filosofía pasan a ser patrimonio por la elocuencia, por la sátira, por la maravilla inmortal de la Enciclopedia, pasan a ser patrimonio del sentido común de los pueblos, realizada la revolución moral en la conciencia, brota la revolución política en el espacio, esa revolución política a la cual nosotros, hijos de tantos siglos, herederos de tantas obras, estamos aún adheridos, llevándola casi a sus últimas y más benéficas consecuencias.

Pero no hay que equivocarse: ningún término del problema faltará, ninguna idea de la gran serie dejará de cumplirse. El mundo no se inmovilizará, no, en la revolución política. A medida que los problemas políticos se resuelven, surgen por su propia virtud los problemas sociales. ¿Cómo le llamaréis a nuestro tiempo? ¿Le llamaréis por ventura el tiempo del sacerdocio? Ese tiempo concluyó en el siglo xiv. ¿Le llamaréis el tiempo de la aristocracia? Ese tiempo concluyó al filo del puñal de Luis XI y de la espada de Fernando V. ¿Le llamaréis el tiempo de los Reyes? Ese tiempo concluyó en el cadalso de Luis XVI. ¿Le llamaréis el tiempo de las clases medias? Las clases medias andan dispersas desde la revolución de febrero. La máquina que ha hecho inútiles ya las fuerzas brutas del hombre, la Prensa diaria que ha destruido ya el desnivel de las inteligencias; el sufragio universal que ha borrado ya la desigualdad de las condiciones políticas; los derechos individuales que han convertido a los hombres en ciudadanos igualmente libres, hacen de este último período histórico el período de la aparición necesaria del cuarto estado, del pueblo; y así como después de las largas y seculares evoluciones geológicas, la tierra se aderezó para recibir la visita del hombre, y vino sobre ella la lluvia magnética del humano espíritu, la sociedad se ha elevado en términos que ya no puede vivir sino en comunión perpetua con las modernas democracias. (Bien, bien.)

Y he aquí la razón de la existencia inevitable de los problemas sociales; y he aquí la razón de la existencia inevitable de las escuelas sociales. Sí, señores; de todo se desprende este aforismo. El advenimiento del pueblo no puede ser completo, no puede llegar a su madurez, si a las reformas políticas no acompañan las reformas económicas y sociales.

Es verdad, se ha errado mucho en este asunto. Pero el errar supone el pensar, y el pensar supone un trabajo intelectual, que siempre es fecundo. ¿Hubiera venido la gran filosofía socrática si los sofistas, descomponiendo con su dialéctica todas las ideas, no hubiesen preparado el momento de referirlas todas al sujeto y a la conciencia? Pues lo mismo el problema social se ha de resolver por el trabajo del pensamiento, aunque produzca multitud de errores.

Signo seguro es el error, que proviene de la multitud de pensamientos, de la multitud de escuelas; signo seguro de un gran parto social, como son signo seguro del parto físico grandes y acerbos dolores.

Así nuestro siglo es el siglo de las escuelas sociales. Notadlo: a medida que estas escuelas se desarrollan, a medida que llegan a nuestro tiempo, van despojándose de la utopía y van convirtiéndose en escuelas mucho más en armonía con la realidad política, y con mucha más fijeza en el respeto debido a las eternas bases de toda sociedad.

El socialismo fue en su principio una teología que todo lo fiaba de la venida de un nuevo Mesías y de la organización de un nuevo pontificado. El socialismo fue después una grande cosmogonía, que no se contentaba con transformar la sociedad, sino que también quería reintegrar al hombre en toda la mágica vida de un nuevo cosmos, resultado de un nuevo florecimiento de la naturaleza y de nuevas y más deliciosas armonías de todas las esferas. El socialismo fue más tarde una psicología, cuyo principal objeto era trasladar la responsabilidad de nuestras faltas y de nuestros vicios, desde la conciencia y el alma, a cargo de la pervertida sociedad.

Hasta que por último, el socialismo, ya más práctico, se redujo a una economía política, aunque de principios contrarios a los principios de la economía tradicional, dando al Estado atribuciones que el Estado no podía tener sin grave detrimento de la libertad y del derecho.

Pero en este momento crítico aparece un hombre extraordinario, cuyo influjo será inmanente en muchos siglos. Ha servido a las escuelas sociales, y las escuelas sociales suelen considerarlo como las visiones apocalípticas al genio del mal y de las tinieblas. Engendrado éste en el seno de una familia proletaria, nacido y bañado en los sudores del trabajo, crecido y educado a la vista de las fatigas y de las angustias que la miseria engendra en las últimas clases de la sociedad, cuyo propósito único había de repetir con tan desgarradora elocuencia; lógico implacable, cuya fuerza tiene algo de las fuerzas ciegas de la naturaleza, algo de las fuerzas del huracán y del terremoto; artista maravillosísimo de la palabra, que a pesar de haber tenido, como Rousseau, tarde, muy tarde, la revelación su genio de escritor, ya se eleva a la majestad de Bossuet, ya desciende a los aullidos de Baboef, ya se ríe con la sarcástica risa de Montaigne, ya se enternece con la sensibilidad femenil de Bernardino de Saint-Pierre, ya brota los varoniles apóstrofes de Víctor Hugo, ya susurra la dulce poesía de Lamartine, como si poseyera la nota de todos los estilos para repetir mejor el eco de todos los dolores; sombra gigantesca, que entra en el panteón del sincretismo contemporáneo, donde están amontonadas todas las ideas, con el mismo horror con que entraban los primeros cristianos en el antiguo panteón latino, donde estaban amontonados todos los ídolos; y creyéndose juez universal, árbitro de la conciencia moderna, recoge todos los sistemas en sus libros, los desmenuza todos en su vastísimo juicio, los tritura todos bajo su hercúlea clava, porque él es el genio de la crítica social, como Kant fue el genio de la crítica científica; y aunque maldice todos los principios, el catolicismo por reaccionario, el protestantismo por aristocrático, el doctrinarismo por inmoral, el sensualismo por asqueroso, el idealismo por vago, la metafísica por trascendental y teológica, la economía política por vulgar e incompleta, las escuelas democráticas por inocentes y soñadoras; aunque arroja tantos ídolos, tantos penates queridos y respetados en la idea del movimiento de Heráclito, transformada por la extrema izquierda hegeliana, especie de río sin origen, sin desagüe; la única ruina que en realidad queda a las plantas del gran demoledor es la ruina de las antiguas escuelas sociales, como las únicas afirmaciones que sobre su frente surcada por la tempestad se levantan, como una aureola de luz, son la república federal en política, y en ciencia el dogma de la libertad y de la responsabilidad del hombre. (Ruidosos y prolongados aplausos.)

Este problema tiene un carácter universal, y al mismo tiempo un carácter particularísimo a cada raza, a cada nacionalidad, revolucionario en Francia, metafísico en Alemania, positivista en Inglaterra. Este carácter general y particular a un tiempo prueba que el problema no ha nacido de tendencias individuales, que el problema está planteado en exigencias incontrastables de la sociedad de nuestro tiempo. Porque, atended a este fenómeno, mientras el genio francés así da al problema social, a despecho del último de sus reveladores, ese carácter autoritario, centralizador, el genio italiano, personificado en uno de los más grandes y elocuentes publicistas del siglo, desde el seno del destierro, como los antiguos profetas desde las orillas del extranjero río, examina el problema social, y lo encuentra contradictorio, insoluble, lleno de las mismas antinomias que la naturaleza y la metafísica, porque cree que se excluyen la sociedad y el individuo, como el ser y el no ser, como el pensamiento y el mundo, como el sujeto y el objeto, como la providencia y la libertad, como lo útil y lo bueno; que en la movilidad continua de la vida, según su sentir, los períodos históricos se repiten con la uniforme ley de las estaciones en el año, y las tribus preceden a las ciudades, y los poetas a los héroes, y los héroes a los profetas y los profetas a los redentores; y cuando merced a tantos trabajos parece que el mundo se ha transformado, renacen las mismas penas, las mismas preocupaciones, la misma lucha entre el pensamiento libre y la religión, entre la riqueza y el trabajo, entre la propiedad y la ley agraria, como si el planeta no fuese más que el sangriento teatro donde se representa eternamente una tragedia monótona que repite las mismas escenas y que no llega nunca al desenlace.

En todas estas afirmaciones, que algo tienen de la siniestra desesperación de Maquiavelo, se ve que el italiano de ayer, sin patria y sin hogar, no llevaba al seno del problema social luz, sino las sombras que recogía en el marmóreo sepulcro de su Italia.

Mientras esto sucede en las naciones latinas, el genio alemán elaboraba su socialismo trascendental. La idea individualista, que la Crítica de la razón pura y La teoría de la ciencia llevaran a sus últimos extremos, aparecía a los ojos de los nuevos pensadores, como una idea incompleta. La reconciliación del hombre con Dios, del espíritu con la naturaleza, de la sociedad con el individuo, del Evangelio con la ciencia, parecíales incompleta también, si no juntaban todas las clases en una idea altísima de justicia y todos los pueblos en un ideal superior de humanidad. Para ellos la sociedad debe al hombre algo más que las condiciones políticas, le debe también aquellas condiciones económicas, sin las cuales no podría realizar su vida ni cumplir el bien, que es su destino. Y las escuelas anti-teológicas, o mejor dicho, anti-religiosas que en Alemania pululan, teniendo otro sentido crítico irreconciliable con toda idea trascendental y metafísica, tenían el mismo sentido respecto a los problemas sociales, creían necesarias, al par de una regeneración científica, una regeneración económica, una regeneración social de todo género humano.

Acaso no pasaran nunca estas ideas de la serena región de la ciencia, si no viniera de súbito, como centella desprendida de sereno cielo, la revolución de febrero. Los germanos se levantaron a este llamamiento. Los espíritus más apocados creyeron en la proximidad de la redención. Las pacíficas universidades se volcanizaron. La Asamblea de San Pablo de Francfort apareció como la grande universidad de la idea moderna. Unos Reyes huyeron, otros abdicaron. El Juliano de la filosofía y de la revolución se encontró en su lecho real las víctimas inmoladas por sus tropas. En solo un momento parecía la tarda y soñadora Alemania ganada a la causa de la democracia universal. Pero el encanto fue pasajero. Caímos vencidos en Baden y en Dresde, y en Viena y en Berlín. La dispersión comenzó. Unos demócratas pasaron a los Estados Unidos, otros pasaron a Francia. Este momento de la dispersión de los demócratas alemanes se enlaza con la historia de la idea social, como el momento de la dispersión de los apóstoles se enlaza con la historia de la idea cristiana.

Los más radicales, aquellos que más se comprometieron y más firmemente en los procedimientos revolucionarios y en la solución del problema social, huyeron a Francia, y en Francia continuaron su propaganda. Allí, uno de los que hoy tienen más influencia en las clases trabajadoras de toda Europa, escribió, en refutación del libro de las Contradicciones, que Proudhon titulaba Filosofía de la miseria, otro libro que titulaba él Miseria de la filosofía. (Risas.) Poco tiempo pudieron los proscriptos alemanes residir en Francia. La mano de la reacción bonapartista les perseguía por todas partes. De Francia pasaron a Bélgica; pero el golpe de Estado del 2 de diciembre les obligó a pasar de Bélgica a Inglaterra. Y cuando se encontraron en Inglaterra, vieron un espectáculo que debía convencerles, que debía convencer a todos los autoritarios, de cuán fecunda es la libertad y cuán próvida la asociación para resolver todas las grandes cuestiones sociales.

Mirad, señores, mirad la universalidad del problema y la dilatación de las nuevas ideas, de las aspiraciones nuevas por todas partes. Los germanos son en la civilización contemporánea lo que los griegos en la civilización antigua: los pensadores, los filósofos, los sabios; en tanto que los ingleses son lo que los romanos en la antigua civilización: los hombres políticos, los hombres prácticos, y como prácticos habían hallado una fórmula, mediante la cual podía prescindir el trabajador del capitalista: habían hallado la cooperación. Merced a ello, existían ya grandes ciudades de trabajadores, formadas por asociaciones que tenían muchos ahorros y mucha influencia política.

Las asociaciones de Rochdalle alcanzaron tal prosperidad, tal fuerza, que parecían destinadas a ser un ejemplo de cómo se puede llegar, universalizando estos medios por la libertad, a la completa independencia de los trabajadores.

Mientras tanto, un alemán ilustre del partido progresista, invocando el principio de la reciprocidad de servicios, uniendo a los trabajadores en asociaciones, donde cada uno garantizaba el crédito de todos, y todos el crédito de cada uno, llegó a la creación de Bancos populares en Alemania, que debían ser el complemento de las fábricas creadas por el genio de los trabajadores ingleses. Y aquellos revolucionarios dispersos que de Alemania habían pasado a Bélgica, de Bélgica a Inglaterra, con el ánimo decidido de redimir al trabajador, trataron de llevar los nuevos descubrimientos económicos a toda Europa y de reunir en asociación grandiosa, inmensa, los trabajadores de todo el continente. Coincidió con esto una demostración viva de que la industria humana es solidaria; coincidió la exposición universal de Londres. Un hecho puede más que muchas predicaciones. Tocáronse prácticamente los resultados de ligas internacionales, y comenzó la asociación de que tratamos. He ahí su germen.

Pero su fórmula, señores, la fórmula social que hoy lleva esa asociación, tiene otro origen, que merece detenido estudio. Cohibid, cohibid, el pensamiento, profesad el anticuado principio de que es necesario perseguir materialmente el error, y os encontraréis con que la fórmula de la Internacional ha nacido en la conciencia de un pueblo mudo, de un pueblo siervo, del pueblo ruso. Cierto elocuentísimo publicista, eminentemente revolucionario, huyó de Petersburgo, su patria, a Londres en pos de la libertad para su pensamiento. Consagróse allí a publicar un periódico destinado a encender en Rusia la revolución social. El emperador Nicolás castigaba hasta con pena de muerte la lectura del periódico, y sin embargo, lo veía en su palacio, en la estufa de su jardín, en el palco de su teatro, en el reclinatorio de su capilla, sin que pudiese adivinar por qué procedimientos misteriosos llegaba la incendiaria hoja hasta sus manos. En este periódico se criticaba la corte rusa, la nobleza, las jerarquías burocráticas, la Iglesia con sus clérigos blancos y negros, y al mismo tiempo la organización de la servidumbre.

Pero engañaríase quien creyera que el periódico se reducía solamente a las cuestiones rusas. Trataba también de las cuestiones Sociales, y las trataba de una manera original y nueva. Tres razas fundamentales, decía hay en Europa: la raza latina, la raza germanosajona y la raza eslava. La raza latina es una raza socialista, como que ha fundado todas las grandes instituciones sociales; pero es también una raza autoritaria. La raza sajona es una raza liberal, pero es también una raza egoísta, sobrado amiga del hogar, de la propiedad individual, y por consiguiente, una raza incapaz de elevarse a ser verdaderamente humanitaria.

La raza encargada de resolver el problema social, y que tiene para ello mayores aptitudes, será la raza eslava, individualista, liberal como la raza sajona, tanto que ni siquiera tiene noción del Estado, siendo a la par de tal suerte federalista y social, que en sus municipios no existe realmente más autoridad que la autoridad de todo el mundo, ni más propiedad que la propiedad colectiva, que la propiedad de todos para todos.

Y entonces los eslavos dieron las dos grandes fórmulas de la Internacional, a saber: Estado reducido a funciones puramente administrativas; Estado no político; federación de municipios aglomerados, y como propiedad la propiedad colectiva, la propiedad de la tierra y de todos los instrumentos de trabajo en manos de los habitantes, o de los inscritos en esos municipios.

Un hombre de genio emprendedor y activo, hombre verdaderamente extraordinario por sus altas cualidades de propagandista y de organizador, vino a traer el esfuerzo de su gran talento y de su gran palabra, desde el fondo de Siberia, donde se viera confinado por anteriores revoluciones políticas, y de donde milagrosamente se escapara, a las fórmulas eslavas, con las cuales se hallaba unido, no solo por un grande convencimiento, sino también por su raza, por su sangre, por su origen, que aquel hombre era ruso, era eslavo también. En esto, mientras los eslavos llegaban a reducir y compendiar en breves cánones su fórmula, celebrábase el primer Congreso que la democracia europea podía celebrar después de muchos años en Europa el Congreso Internacional de Ginebra. Y en aquel Congreso los eslavos presentaron sus tres tesis fundamentales. Estado reducido a funciones puramente administrativas, municipio comunista, propiedad colectiva. La democracia europea no quiso aceptar estas tres fórmulas, y los desairados amenazaron con una grande escisión, y se refirieron a un segundo Congreso, al Congreso de Berna, que debía celebrarse en el año siguiente. En el Congreso de Ginebra se había votado por individuos. Los franceses se hallaban en mayoría, y los eslavos consiguieron y recabaron que al próximo Congreso se votara por nacionalidades.

Pero votándose por nacionalidades resultaba una cosa bien singular, a saber: que si había en el Congreso, por ejemplo, 100 alemanes, estos 100 alemanes solo tenían un voto, y si había un solo español, este español tenía un voto también. Los eslavos se empeñaron tenazmente en que la democracia europea reunida en Berna en 1868, en el segundo Congreso, había de aceptar la propiedad colectiva y la fórmula política del municipio eslavo.

Y, señores, se arregló de esta manera. Rusia disputó mucho tiempo con Alemania, porque ésta quería variar la cuestión de las nacionalidades y reclamar tantos votos como reinos tiene su confederación, y el eslavo decía: si Alemania representa varias nacionalidades, yo pido 14 votos, porque la Rusia se ha comido 14 pueblos. Se convino en que Alemania representara una sola nacionalidad, y en que Rusia representara una sola; y entonces, admírense los señores Diputados, Polonia, representada por un mártir, joven ilustre que ha muerto defendiendo la independencia de otro pueblo en los campos de Francia, Rusia, los Estados Unidos e Inglaterra, admitieron la colectividad, siendo las dos últimas naciones las más individualistas del mundo. Italia, representada por un doctor célebre; Francia por un eminente filósofo; Suiza por uno de los hombres más ilustres del siglo, y Alemania por multitud de sus más distinguidos repúblicos, se pronunciaron contra la propiedad colectiva y el municipio eslavo, y estaban las cuatro naciones frente a frente, y yo era el único español que se encontraba en el Congreso; y entonces me dijeron: «Usted representará a la España». Y yo dije, con la sinceridad que todos reconocen en mi carácter, yo dije: «Yo no tengo ninguna representación, yo no he consultado con mis amigos políticos; España está ahora al comienzo de una revolución, y no se ocupa de si la propiedad ha de ser colectiva o individual.

Por consiguiente, yo no podía votar por falta de poderes; y entonces me dijeron: «Es que en el mismo caso se encuentran casi todos los demócratas que están reunidos aquí (Risas); pero todos han sido periodistas o Diputados, todos son conocidos en sus respectivos pueblos, todos han influido en su política, todos tienen un nombre ilustre (menos yo, que no lo tenía), todos valen algo, todos significan algo, todos son oídos por muchos ciudadanos, y por consiguiente, su representación es una representación colectiva». Pues ¿cómo no había de ser, cuando allí estaban indudablemente reunidos muchos de los hombres ilustres de Europa? Básteme citar el nombre ilustre de Quinet, y el que no lo conozca será porque no habrá saludado un libro. Y entonces yo voté y decidí, no en nombre de la Nación española, no en nombre de mi partido político, porque ya dije que yo no representaba a nadie, sino en mi propio nombre, resolví la cuestión en favor de la propiedad individual y en contra de la propiedad colectiva. (Rumores.)

¿De qué os extrañáis? ¿Por ventura hubierais votado a favor de la propiedad colectiva? (Varios señores Diputados: ¡Si no es eso!) Y, señores Diputados, entonces el eslavo dijo: «No volveré a reunirme en un Congreso de la democracia europea; me reuniré aparte, escribiré aparte, organizaré aparte, influiré aparte»; y los que crean insignificantes estas cosas, no saben que esta organización ha producido la Internacional, que esa organización ha producido los grandes movimientos de Francia; os reís porque sois incapaces de comprender el movimiento de las ideas. (Aplausos en la minoría, y continúan los rumores en la mayoría.) Grande escasez tienen de entendimiento aquellos que no comprenden la relación de las ideas con los hechos y de los hechos con las ideas. Y, señores Diputados, comenzaron a influir desde entonces los eslavos en los Congresos de la Internacional. Cayeron éstos, pues, bajo la tutela de aquellos que se habían separado de los Congresos democráticos de Europa, que era el tema de mi discurso.

La Internacional había celebrado Congresos anteriores a los Congresos de la democracia. Los internacionalistas se habían reunido por vez primera en 4 de Septiembre de 1866, en la ciudad de Ginebra, camino de Chéne; no lejos de Pré L'Evéque, donde vivíamos los emigrados pobres. Aquella fue la primera reunión continental de esta sociedad que ahora os asusta tanto, la Internacional, cuya dirección está en Londres, y cuyos Congresos se verifican periódicamente. ¡Ah! El señor Jove y Hévia hablaba elocuentemente de la taberna: en una taberna se reunió; pero, señor Jove y Hévia, ¡qué taberna! Allí oí yo lo siguiente: Se levantaba un trabajador y hablaba en alemán, y el presidente decía: El señor dice esto o lo otro, y traducía directamente al francés cuanto el alemán había dicho. Se levantaba un inglés, hablaba en inglés, y el presidente traducía correctamente al francés lo que el inglés había dicho. (Rumores.) Se levantaba un italiano y el presidente hacía lo mismo; y aquel presidente, ¿sabéis quién era? Pues era un obrero, un tejedor. ¿Ha visto muchas gentes como ésta el señor Jove y Hévia en los palacios dorados de sus Reyes?

Señores Diputados, ¿qué decidió aquel Congreso? ¿Qué trató aquel célebre Congreso de la Internacional? ¿Qué problemas trajo aquel Congreso? Yo pido al señor Ministro de la Gobernación que me escuche, porque esto es interesante. No podemos juzgar a la Internacional por los periódicos, porque se escribe con pasión siempre en la prensa. La prensa tiene cualidades muy buenas, pero también tiene cualidades muy malas, porque se deja llevar frecuentemente de la peor de las pasiones, de la ira. El escritor se encierra en su casa, y desde allí empieza a decir todo lo que nosotros no decimos aquí por respeto al público. Pues qué, ¿juzgaría alguien por la prensa española el Congreso español y las deliberaciones del Congreso español? Pues qué, ¿nosotros aquí nos llamamos apóstatas, traidores, resellados, cangrejos, búhos, calamares y puntos negros?

Traer aquí los fragmentos de los periódicos de la Internacional, señor Ministro de la Gobernación, es una insigne puerilidad. Eso no se hace ya por ningún hombre de Estado en ningún Parlamento del mundo. Lo que hay que ver y lo que hay que estudiar es lo que compone la legislación de la Internacional, sus decisiones soberanas y sin apelación, su Código fundamental. Lo que hay que ver y estudiar es lo que han proclamado y decidido sus Congresos, que son para la

Internacional lo que los Concilios para los católicos. ¿Qué es lo primero de que trataron? De los medios de resistencia que ha de tener el trabajo contra las invasiones del capital. Pues qué, ¿se puede negar que las fuerzas económicas de la sociedad, como las fuerzas mecánicas de la naturaleza están siempre en lucha? ¿Por qué hemos de ser tan pueriles que no reconozcamos que hay una lucha entre los intereses de los capitalistas y los intereses del trabajador, y para ello el derecho que tiene el trabajador de ocuparse en la dirección de sus intereses? Y luego, segunda cuestión que pusieron a la orden del día: «Reducción de horas de trabajo».

Hay trabajadores que emplean diez y seis horas (El señor Garrido [Fernando]: diez y ocho) y diez y ocho, como me acaban de decir, y ellos pedían que el máximum fuese de ocho a diez horas. Pues bien; ¿quién que haya visitado una de las fábricas no conviene en que esto es una aspiración racional? Pues qué, ¿no veis cuán horribles son aquellas diez y ocho horas? ¿No veis que aquel aire no es respirable, que el ruido de la máquina embota los sentidos y desgarra los nervios, y que las infelices gentes que están junto a la máquina de vapor tienen consumidas las carnes, quemados los huesos, rugosa la piel? Yo no he entrado nunca, en Mulhousse y en Londres, en una de esas fábricas, sin tener que salir enseguida, y sin acordarme de aquellos campesinos meridionales, que excepto en los meses de julio y de agosto, en que el calor es insufrible, después viven iluminados por aquel Sol, alentados por aquel aire, perfumados de azahar, en medio de aquella naturaleza, que les da una fiesta continua de luz y de colores.

Y luego, después de haber tratado esto, trataron, señores Diputados, de la educación de los niños, de la necesidad de prohibir el trabajo a los niños, y tenían razón; porque, ¿sabéis lo qué sucede? Que la falta de educación en las grandes ciudades fabriles los embrutece, y de aquí provienen muchas de las catástrofes que en esas ciudades estallan. Y luego trataron del trabajo de la mujer, y dijeron todo lo contrario de lo que dice el señor Ministro de la Gobernación: dijeron que las madres no deben estar en los talleres, que las fábricas las prostituyen, que la degeneración física de los ciudadanos en los grandes centros fabriles depende del trabajo de la mujer, la cual necesita abandonar a sus hijos, y el hijo se educa sin la mirada, sin la luz, sin la providencia de su madre. Y luego trataron de los ejércitos permanentes y de su influencia, en la producción, y negaron los ejércitos permanentes; pero dijeron que vista el estado social europeo, era necesario admitir la organización del ejército que tenía Suiza. Y luego trataron de las contribuciones directas e indirectas, y condenaron las contribuciones indirectas, y dijeron que todos los pueblos debían regirse por el sistema tributario de la república de Newfchatel, en Suiza, la cual tiene completamente abolidas todas las contribuciones indirectas. Y luego se presentó la gran cuestión, la cuestión, del influjo de las ideas religiosas en la educación. Hablaron unos en un sentido, hablaron otros en otro sentido ¿o decidió el Congreso? El Congreso decidió pasar a la orden del día sin resolver esa cuestión, diciendo que se pusieran los discursos en los Boletines, pero que constara que todas eran opiniones individuales; y no hubo más principios proclamados en aquel primer Congreso de la Internacional.

Y cuando yo o algunos de mis amigos salíamos a la calle, nos encontrábamos que el propietario ginebrino, que es muy rico, y aunque allí hay gran democracia, muy aristocrática en sus costumbres, iba en su coche, sin creer que la sociedad se le caía encima, porque Suiza está más fuerte, mucho más fuertemente asentada sobre su libertad, sobre sus derechos individuales, sobre la república y sobre la federación, que sobre el granito de los Alpes.

Vino el segundo Congreso de 1867, y en este segundo Congreso volviéronse a tratar todas las cuestiones antecedentes, y se trató además una cuestión que prueba la humanidad de aquellos trabajadores. Decían: Si una parte del cuarto estado se asocia y logra por la Internacional cambio provechoso en las relaciones económicas, solamente para sí, para el asociado y para el internacional, ¿no creará un quinto estado, que sea más miserable que lo es hoy el cuarto? De suerte que aquellos hombres trataban hasta del porvenir de los que habían de quedar rezagados en su ascensión sucesiva, y todos decidieron la cuestión en favor de nuestros principios en favor de nuestras soluciones: dijeron que la libertad lo resolvía todo, que por el ejemplo de las asociaciones se levantarían otras asociaciones, y que, digan lo que digan los malthusianos, la producción de la naturaleza y la producción del trabajo es infinita. No hay, por consecuencia, que tener miedo a una gran miseria. Y volvió a plantearse la cuestión religiosa, y se volvió a pasar a la orden del día sin decidir nada sobre esa cuestión en el congreso de Losana.

Y vino el tercer Congreso de la Internacional, que fue el Congreso de Bruselas de Septiembre de 1868: y este Congreso, además de otras muchas cuestiones, trató la cuestión de la guerra, y fue unánime en condenar esa horrible calamidad pública.

Trató luego una cuestión que le interesaba mucho y que tenía solo un aspecto económico: la cuestión de los árbitros encargados de decidir la oportunidad de las huelgas. Convinieron todos los miembros del Congreso en que las huelgas eran una calamidad, pero una calamidad inevitable en el presente estado de lucha a que se halla condenado el trabajo. Pero se dieron leyes para someterlas a cierta regularidad. Un consejo de árbitros nombrados por cada asociación debía decidir de la legitimidad de las huelgas. Tras las huelgas tratáronse las máquinas. Convínose en que las máquinas debían pertenecer al trabajador; pero no se habló de apelar a ninguna violencia ni de proponer ningún despojo; fue antes opinión casi unánime que los dos medios de adquirirlas eran la cooperación, como en la Gran Bretaña, o el crédito mutuo, como en Alemania.

Luego trató el Congreso de la educación íntegra, de la educación total que necesita el trabajador. Y en efecto, el hombre, para ser digno de su ministerio en la sociedad y en la naturaleza, debe educar sucesivamente todos sus facultades, y al llegar a la madurez de la vida conocer el conjunto de relaciones que lo ligan con el universo material y con el universo moral, con el mundo que se dilata por los espacios infinitos, y el mundo que se oculta en la inmensidad de su conciencia. Así debe educar el sentimiento, la primera facultad que se despierta en su alma. Tras el sentimiento la fantasía, a cuya luz puede espaciarse en los cielos del arte. Tras la fantasía la inteligencia, que le dará las nociones más indispensables a la vida. Tras la inteligencia la razón, sin cuya luz no puede conocer ni la naturaleza en que vive su cuerpo ni la sociedad en que vive su alma. Tras la razón debe educar la conciencia, que le enseña el bien y el mal, que le impone el Decálogo de sus deberes.

Solo así el hombre se desprende de esa existencia sensual, vegetativa, semejante a un feto eterno, a las entrañas de la naturaleza adherido, y se eleva al cumplimiento racional de su destino en la tierra y a la aceptación moral de su responsabilidad ante el mundo.

Al despedirse convinieron de nuevo en proclamar la superioridad de las pacíficas obras del trabajo sobre las devastadoras obras de la guerra. Y en efecto, acaba de pasar sobre el mundo una de esas trombas. Cuando vemos las ciudades incendiadas, los campos devastados, las carnes humanas repartidas entre las alimañas de los bosques, los huesos mondados por los cuervos, la desolación universal y los odios eternos entre las razas que empujan la civilización hacía los tiempos feudales, no podemos dejar de maldecir los nombres de Ciro, de Darío, de César, de Carlos V, de Napoleón, considerándolos como los genios del mal, en tanto que Franklin arrancando el rayo a la nube, Morse escribiendo en las chispas eléctricas la palabra humana, Wath dotando a la humanidad, con el tenue vapor que se disipa, de una nueva fuerza, Herschel haciendo descender los planetas a nuestros cristales, son los verdaderos continuadores de la obra divina, los que han empapado la tierra agria y rebelde, recibida de la naturaleza creadora, en este planeta que irradia por cada uno de sus poros los resplandores inmortales de nuestro pensamiento. (Grandes aplausos.)

El Congreso de Bruselas concluía, fíjense los señores Diputados en las fechas, casi al mismo tiempo en que los colectivistas se habían separado de la democracia en el Congreso de Berna, amenazando con lanzarnos, en contra de nuestros principios y de nuestras ideas, sus asociaciones de trabajadores. Como el Congreso recordará, los eslavos nos dijeron al separarse de nosotros que éramos demócratas puramente formalistas; que éramos republicanos puramente platónicos. La amenaza se cumplía; nos volvieron contra nosotros, contra la democracia política, las diferentes asociaciones de trabajadores que habían establecido, que habían organizado en toda Europa.

Debía esperarse todo de su jefe. Yo creo que este hombre extraordinario, con todas sus apariencias de cosmopolitismo, quiere imponer a Occidente su espíritu oriental, asiático. Parece tallado en las piedras ciclópeas, según su colosal estatura. Con barbas blancas de patriarca, imperiosa cabeza de autócrata, nervudos miembros de cosaco y pequeños, agudos ojos de tártaro, lleva en su persona la fisiología de todas las razas de su inmenso imperio. Yo comprendo la fascinación que su elocuencia oriental, su genio organizador, ejercen sobre las clases trabajadoras, que aguardan, como los últimos hombres del antiguo mundo, a todas horas su Mesías. En el año de 1869 se reunió el Congreso de la Internacional en Basilea. Y allí el fuerte eslavo llevó su ideal, la propiedad colectiva, que es volver a los primeros patriarcas del Oriente, al ebionismo y al esenismo asiático, que hubieran ahogado nuestra civilización a no venir la idea de la personalidad humana del Occidente y las razas germánicas con su carácter individualista del fondo de las regiones del Norte. En el Congreso de Basilea imperaron con gran predominio los eslavos. Y este predominio explica las declaraciones que voy a comunicaros inmediatamente.

¿Qué sucede, pues, en ese Congreso de Basilea? ¿Qué ocurre en ese Congreso en que se disiente del Congreso de Losana? ¿Qué fue lo que allí se decidió? Decidieron, señores Diputados, la propiedad colectiva. La decidieron no sin grandes protestas; pero la proclamaron, esto es indudable. Después de haber hecho esto, parece como que se arrepintieron; y la prueba de que se arrepintieron, es lo siguiente: consecuencia de la propiedad colectiva, abolición de la herencia. Acerca de la abolición de la herencia empezó una discusión extraordinaria, una discusión trascendental: muchos defendieron la herencia a pesar de haber votado la propiedad colectiva, como si se acordaran de su mujer y de sus hijos. Y puesto el punto a votación, 32 votaron la abolición de la herencia, 23 en contra, 17 se abstuvieron de votar; y como eran 80 los delegados, acordaron pasar a la orden del día, y no se decidió nada sobre tan grave y trascendental asunto. Y aquí acaban, señores, las decisiones de la Internacional. Sobre la religión no decidieron nada; sobre la familia tampoco decidieron nada; de este asunto no trataron, ni siquiera se pronunciaron discursos. De consiguiente, todas las inmoralidades de la Internacional, quedan reducidas a la propiedad colectiva.

Señores: la propiedad colectiva está juzgada por la experiencia, está condenada por el convento español, por el municipio eslavo, está condenada por las sociedades de los hermanos Morabos, está condenada en el Paraguay. Donde quiera que se ha hecho el ensayo de la propiedad colectiva, la sociedad ha permanecido en perpetua infancia.

Pero yo os pregunto, señores Diputados: ¿es inmoral, puede ser inmoral, a quién se le ocurre que puede ser inmoral pedir que la propiedad en vez de ser individual sea colectiva? ¿Puede ser inmoral cuando las asociaciones religiosas, cuando la Iglesia ha tenido la propiedad colectiva? Yo quisiera que el señor Ministro de la Gobernación me contestara con un signo. ¿Es inmoral sostener que la propiedad debe ser colectiva?¿Sí o no?¿Es inmoral? ¿No? ¿Sí?

Señores Diputados: por lo que he oído y he visto, el señor Ministro de la Gobernación continúa en su sistema de ayer. Dice sí y no, de lo cual pudiera resultar aquello de qué sé yo. ¿Es inmoral la propiedad colectiva? Pues hay que condenar el Evangelio, y el otro día os alarmasteis cuando os lo decía el señor Garrido. Pues es verdad. Hay que condenar el Evangelio y los Santos Padres. Mas como quiera que yo esté cansado, antes de entrar en tal asunto, pido a la benevolencia del señor Presidente diez minutos de reposo.

El señor ALARCÓN: Es inmoral la propiedad colectiva fundada con lo ajeno contra la voluntad de su dueño.

El señor PRESIDENTE: «Se suspende la sesión por diez minutos».

Eran las seis menos cuarto.

II

Abierta de nuevo la sesión a las seis y cuarto, dijo:

El señor PRESIDENTE: Continúa la discusión, y en el uso de la palabra el señor Castelar.

El señor Castelar: Señores Diputados, doy ante todo gracias a la Cámara por la benevolencia con que me ha escuchado, y espero que, en atención a lo grave y trascendental del asunto, continúe prestándome esa misma benévola atención.

Al tratar con tanto empeño la cuestión que se discute, vuelvo a preguntar yo: ¿trato una cuestión propia? Señores Diputados, no; trato una cuestión de libertad y una cuestión de derecho. Me apenan verdaderamente, me apenan los comienzos de todas las reacciones; porque cuando una reacción comienza, no se sabe nunca adónde irá a parar. Sucede con las reacciones lo mismo que con las revoluciones, nadie es dueño de detenerlas ni de refrenarlas a su antojo. Por consecuencia, yo aquí lo que siento y deploro en lo más íntimo de mi alma es que el derecho de la libre emisión del pensamiento se limite y que se destruya el derecho de reunión; dos derechos que habíamos tan difícilmente conseguido después de sangrientas revoluciones.

Pues qué, ¿necesito yo participar de las ideas de ninguna asociación para defenderla? ¿Era yo, por ventura, publicista del partido tradicional cuando me levanté la vez primera a hablar en esta Cámara, a pedir que fueran excarcelados, y algunos de ellos, si no todos, merced a aquellas palabras, lo fueron? ¿Necesitaba ser yo de las órdenes religiosas cuando reconvine agriamente al Gobierno provisional por haber suprimido, reciente la revolución, las órdenes religiosas? ¿Necesitaba yo, por ventura, pertenecer al partido carlista cuando sostuve aquí un voto de censura contra una persona tan autorizada como el señor Presidente del Congreso, a la sazón el señor Olózaga, voto de censura defendiendo que el partido carlista tenía derecho a proclamar dentro y fuera de esta Cámara a su Rey cuando le pareciera conveniente?

Pues, señores, el que tiene este concepto, esta idea de la libertad, defiende y debe defender, y faltaría a sus más rudimentarios deberes si no lo defendiese; defiende y debe defender con toda su fuerza, defiende y debe defender con todo su entusiasmo el derecho de la Internacional a expresar sus ideas y a conseguir en reuniones, en asociaciones, que esas ideas se discutan; y si el sentido común se pervierte y las admite, y si el sufragio universal las proclama y las trajera a esta Cámara, ¿qué podíase oponer a ellas?

Pero, señores, tengamos fe en la razón humana, en la conciencia humana; creamos que las ideas no necesitan de la fuerza; al contrario, las falsas, perseguidas, crecen; las verdaderas, sostenidas por la fuerza del Estado, se amenguan. Y aquí viene como de molde una renuncia que hay que presentar de cierto protectorado prometido a las escuelas filosóficas por el señor Ministro de la Gobernación.

Ha dicho S.S.: «El criterio que presidió al Código fundamental fue criterio individualista, el criterio de la Internacional es criterio socialista: como yo quiero defender el criterio individualista, pongo la espada del Estado al servicio de los individualistas». Estoy seguro que romperán esa espada o que la devolverán al Gobierno; y estoy seguro también que si el Gobierno ofreciera a los socialistas de dentro y fuera de esta Cámara esa espada para sostener sus ideas, estoy seguro que harían lo mismo que los individualistas; se la devolverían al Gobierno. Eso lo hacía Omar con su cimitarra: eso lo hacía Felipe II cuando abrasaba a los herejes; eso lo hacía Catalina de Médicis, aquella Euménide religiosa, cuando presidía las matanzas de San Bartolomé; eso de poner espadas a servicio de una idea, no puede ocurrírsele a ningún Ministro que sea verdaderamente liberal. No la necesita ni el individualismo, ni el socialismo; cada uno tiene una fuerza superior, la razón, y una espada más cortante, el raciocinio.

Pero el señor Ministro de la Gobernación nos decía: «¿No veis el peligro que encierra una sociedad cuyos jefes residen en el extranjero?». Señores Diputados: ¡que tengan una idea más alta de la solidaridad humana los pobres trabajadores de la Internacional que un Ministro de la Gobernación! Si yo poseyera el ingenio de un ilustre orador inglés, yo le diría al señor Ministro de la Gobernación: rechace todo cuanto constituye su ser, rechace la lengua, esta sonora lengua española, mezcla del latín y del árabe; rechace su religión, porque el Padre es judío, el Verbo alejandrino, el Espíritu Santo platónico; rechace sus instituciones, porque una parte de ellas está copiada de los Estados Unidos, otra parte de Inglaterra, otra de Bélgica y de Francia; rechace el mismo traje que viste, porque quizá se haya tejido en una fábrica inglesa; rechace al mismo Pontífice a quien presta acatamiento, porque ha nacido en Italia; rechace su Rey y su dinastía, porque en Italia han nacido; rechace los átomos que forman su cuerpo, porque como la química del universo no reconoce fronteras, no sabemos cuántos átomos tártaros y sajones tendrá, ni sabemos dónde irán mañana los átomos de hoy, merced a la circulación continua de la materia, que no hay nacionalidades para la vida y para la fecundidad de la tierra. (Aplausos.)

Pues qué, ¿no es tan individualista el señor Ministro de la Gobernación? Y si lo es, ¿no comprendo el gran poema de la libertad de comercio? La tierra tiene aptitudes diversas; los climas dan diversos productos; pero merced al gran Hércules moderno, merced al comercio, en esas naves que ora parecen grandes pájaros marinos, ora dejan la blanca estela en las aguas y la espesa nube de humo en los aires, reúne todos los productos: la piel que el ruso arranca a los animales perdidos en sus desiertos de hielo, y la hoja de tabaco que crece al Sol ardiente de los trópicos; el hierro forjado en Siberia, y los polvos de oro que el negro de África recoge en las arenas de sus ríos; las manufacturas fabricadas en Inglaterra, y los productos traídos del seno de la India, empapados en los colores del iris por aquellas sociedades, primeros testigos de la historia; el dátil de que se alimentaba el patriarca bíblico bajo las palmas de la vieja Asia, y los brillantes y las piedras preciosas que entrañan el virgen seno de la joven América; el zumo grato de las viñas que festonan las riberas del Rhin y el ardiente vino de Jerez, que lleva disuelto en sus átomos de oro partículas del Sol de Andalucía para calentar las venas de los ateridos hijos del Norte (grandes aplausos); y con todas estas grandezas, el comercio, el gran Hércules moderno, apropia la tierra al espíritu, reparte la copa de la vida entre todas las razas, junta Asia con África, con América, y consigue que el hombre realice, como dotado de un solo espíritu, su dominio y su reinado sobre todos los ámbitos de nuestro hermosísimo planeta. (Aplausos.)

Pero a la solidaridad del comercio hay que reunir la solidaridad del trabajo.

Pero, comprendiendo el señor Ministro lo débil de su argumento de extranjería, saltaba a otro asunto, y preguntaba: ¿No creéis en la inmoralidad de la Internacional, cuando la Internacional ataca a la familia? He dicho y sostengo, y me comprometo a presentar textos al señor Ministro de la Gobernación que en sus disposiciones legislativas, en su canon, no hay un solo ataque a la familia. Es necesario, señores, que tratemos las cuestiones con rectitud, creyendo y atribuyendo siempre lo mejor a todo el mundo, cuando no haya pruebas en contrario; y el texto citado por el señor Ministro de la Gobernación es el siguiente: la familia fundada en el amor. Pues qué, ¿hay aquí alguien que no quiera la familia fundada en el amor? El amor del padre, se dice, del hijo, del hermano, de la madre. ¿Por qué razón hemos de creer que eso, que nada tiene que ver, sin embargo, con las decisiones legislativas de los Congresos internacionales, que eso encierra un mal sentido?

Es indispensable separar la línea de la moral de la línea del derecho, porque el origen de todas las tiranías proviene de confundir la moral con el derecho. La moral es asunto de conciencia, la moral deja de serlo desde el momento en que se ejercen sobre ella actos coercitivos. Está la moral tan fuera de toda coacción, que es inmoral moverse por miedo a ningún poder humano o divino. La moral quiere el bien por ser bien, y huye del mal por ser mal, sin esperanza de premio y sin temor al castigo. ¿Es eso el derecho?

¿El derecho no es coercitivo, no fuerza, no obliga a su cumplimiento? Y, por ventura, ¿es siempre moral el derecho? ¿Los Estados son siempre morales? ¿Sus disposiciones, sus leyes son siempre estrictamente morales? Yo, señores, tengo tal idea de la santidad, de la perpetuidad del matrimonio, que juzgo, como uno de los más grandes pensadores modernos, que es inmoral el divorcio; creo que el deber de educar los hijos y de mantener la familia une indisolublemente a los cónyuges: yo siempre me he conmovido cuando al entrar en las viejas catedrales góticas he visto las estatuas yacentes de dos esposos sobre las losas de los grandes sepulcros, juntos sus huesos en la eternidad, como estuvieron en vida juntos sus cuerpos en un mismo lecho y sus almas en una misma creencia. Pues el divorcio, a pesar de su inmoralidad, está permitido por las leyes.

¿Conoce el señor Ministro de la Gobernación (y siento tener que hablar aquí de estas cosas) algo más inmoral que la prostitución? ¿Puede caer la mujer de más alto en más profundo abismo? ¿Se corrompe más en algún punto la sangre y el alma de los jóvenes? Y, sin embargo, ¿no la tolera S.S.? ¿No la ha reglamentado? ¿No tiene hospitales oficiales? El juego es una inmoralidad, una completa inmoralidad, porque allí expone el hombre su fortuna y la de sus hijos en busca de una quimérica ganancia, que ha de ser debida al azar, y no a su trabajo; y sin embargo, el Estado juega, sí, juega a la lotería. ¿Y hay que disolver las sociedades inmorales? Comience S.S. por disolver el Estado. Es necesario, señores, separar la línea de la moral de la línea del derecho.

En esta misma cuestión de la familia, ¡cuántas y cuántas variaciones al través de la historia! ¿Es lo mismo el matrimonio de Abraham, el matrimonio de Isaac, el matrimonio en el pueblo elegido de Dios, que el matrimonio de la Edad Media, que la barraganía de la Edad Media reconocida por las leyes? Pues que, ¿no sabe el señor Gandu que en tiempo de don Pedro I de Castilla se dieron en las Cortes de Valladolid leyes para uniformar el traje de las barraganas de los clérigos?

¿Qué prueba esto? Prueba la diferencia que hay entre la línea de la moral y la línea del derecho. Desde el momento en que el señor Ministro de la Gobernación o este Cuerpo se arroguen la facultad de definir la moral, desde ese momento necesitamos convertirnos en concilio, y establecer un dogma, y forzar las conciencias, y cohibir las voluntades, y erigir en ley una verdadera teología. La Roma de los Papas; he aquí el ejemplo de una sociedad que ha confundido la línea de la moral con la línea del derecho: ¿qué queda ya de aquel antiguo poder romano?

Pero ¿y la Constitución? me dirá el señor Ministro de la Gobernación. Al decir que se prohíba toda sociedad contraria a la moral, la Constitución ha querido entender, esta es la interpretación que yo le doy, los actos inmorales condenados por el Código Penal. Por ejemplo, una sociedad de monederos falsos o de ladrones, o cualquier otra cosa que se proponga un objeto que el Código penal castiga, es una sociedad condenada por la Constitución, ¿Cómo puede la Constitución condenar el que se pida a la opinión y a los poderes públicos, por medio de asociaciones, la transformación de la familia? ¿Recibisteis acaso vosotros la familia tal cual la habéis dejado después de la revolución? ¿Se casan hoy los españoles como se casaban nuestros padres? Pues qué, ¿mis padres no se casaron por la Iglesia, sin que nada tuviera que ver con los poderes civiles, siendo así que ahora es necesario que los poderes civiles sancionen el matrimonio, porque si no los casados como nuestros padres están delante de la ley pura y simplemente abarraganados? ¿Y no es ésta una grande transformación en la familia? ¿Y llamaréis inmoral a la petición de meras transformaciones?

El señor Candau dice que la Internacional niega el deber del padre de transmitir a sus hijos su propiedad. Y qué, ¿no existe la libertad de testar en ningún pueblo? ¿Es obligatorio en todos los pueblos que el hijo reciba forzosamente la herencia del padre? ¿No convienen quizás en esta misma doctrina, de un lado la escuela católica y de otro la escuela economista? ¿No ha sostenido la libertad de testar el señor Nocedal en un Congreso de jurisconsultos y los señores Moret y Rodríguez en reuniones de economistas? ¡Y ahora se viene a echar en cara a los internacionalistas el mantener estas teorías!

Pero sigamos, señores Diputados. Aquí viene la gran cuestión, la cuestión de la propiedad. Yo sostengo que es inmoral el robo, el apropiarse lo ajeno por engaño o por violencia; pero lo que no es inmoral ni puede serlo, es el tratar de transformar la propiedad por los poderes públicos, dentro de las leyes y de los procedimientos, por decirlo así, jurídicos, que tienen la autoridad para legislar. Pues qué, ¿desde la propiedad quiritaria hasta la propiedad moderna, desde el jubileo bíblico hasta el mayorazgo inglés, ¿no ha habido transformaciones de la propiedad? Seguidla por nuestro mismo suelo, y encontraréis en sus transformaciones la historia de nuestra raza.

Tres siglos no pudieron borrar los odios entre los celto-romanos y los visigodos. Cuando la conquista árabe sobrevino, la fusión de los vencedores y los vencidos en las primeras irrupciones bárbaras todavía no estaba realizada, a pesar de los grandes trabajos del catolicismo. El romano era católico cuando el visigodo era arriano. Y cuando el visigodo se volvía católico, el romano se tornaba instintivamente hacia el paganismo. Pues todo este odio se explica por la repartición de la propiedad.

Y dentro de la España de la Edad Media, así en la porción árabe como en la porción cristiana, las instituciones se explican por las diversas maneras de ser que tiene la propiedad. El pacto del mozárabe con su dominador es un título de propiedad. El renegado, el que abandona el Evangelio por el Corán, y que se queda, sin embargo, adherido a su raza, lo abandona por el tributo de capitación. Los cristianos que se han quedado en las ciudades conquistadas gozan más o menos de la propiedad, según ha sido mayor o menor la resistencia. En la España cristiana, la distinción de las tierras de realengo y tierras señoriales, y behetrías, y municipios con sus propios, toda ella es una distinción fundada en la propiedad.

El absolutismo, que consiente el mayorazgo en la familia, la amortización en el convento, la tasa en el comercio, los privilegios de la Mesta, el gremio para el trabajador, no ha conocido nunca la verdadera propiedad. El mundo que cae más acá de la revolución se diferencia del mundo que cae más allá de la revolución en cuestiones de propiedad, de desvinculación, de desamortización. Y ¿ha de ser inmoral pedir que se transforme la propiedad? Será injusto, será absurdo; pero no puede ser inmoral.

Si fuera inmoral sostener la propiedad colectiva, tendríais que castigar al Evangelio y a los Padres de la Iglesia. Yo os pido que me prestéis atención sobre este punto, porque pienso demostraros que las modernas ideas de la Internacional sobre la propiedad colectiva se encuentran contenidas en los viejos aforismos del Evangelio.

En los capítulos XIX de San Mateo y XVIII de San Lucas, contiénese el siguiente bellísimo apólogo:

Acércase un joven a Cristo y le dice:

—Buen Maestro, ¿puedo entrar yo en el reino de los cielos?

—No me llames bueno —le respondió aquel eterno modelo de mansedumbre—, solo Dios es bueno. Si quieres entrar en el reino del cielo, vende todo cuanto tienes y repártelo entre los pobres.

El joven se fue muy triste, porque era muy rico; y Cristo, volviéndose a sus discípulos, les dijo:

—En verdad os digo que más fácilmente pasará un cable por el ojo de una aguja que un rico por la puerta de los cielos.

La Vulgata tradujo camello por cable. Y como algunos padres de la Iglesia preguntaran por qué había Cristo comparado el rico con el camello, Orígenes, decía: porque el camello es un animal tortuoso e impuro.

Creo que el capítulo VI de San Mateo y en el XII de San Lucas (y aquí hay predicadores que suelen citar estos textos y no me dejarán en duda), dicen: «Los paganos piensan en lo tuyo y en lo mío; vosotros no debéis pensar en eso; que piensen en buen hora los paganos. Las aves del cielo ni siembran ni cosechan, y Dios las mantiene. ¿Valéis vosotros menos que ellas? (El señor Martínez Izquierdo pide la palabra.) Los lirios del valle ni hilan ni tejen y Dios los viste. En verdad os digo que Salomón no estaba vestido en el solio de sus glorias como está vestida una de esas florecillas del campo. Buscad en el reino de Dios y su justicia, que lo demás todo se os dará por añadidura».

Señores, conviene de tal manera esto con el espíritu cristiano, que por los datos que he recogido aquí, uno de los padres de la Iglesia define así a los ricos: Omnis dives, aut fur, aut furis filius: es decir, todo rico, o ladrón o hijo de ladrón. (Risas.) San Crisóstomo decía: «La Iglesia de Jerusalén no ha conocido nunca la propiedad». Y añadía en la homilía que escribió sobre aquellas palabras de San Pablo: Oportel enim hoereses esse. Al destruir la Iglesia de Jerusalén la propiedad destruyó con ella la raíz de todos los males.

San Cipriano ya decía otra cosa; éste defendía la propiedad colectiva; si hubiera estado en el Congreso de Berna vota con los colectivistas. (Risas) y dice: «¿No es para todos el Sol, no es para todos el aire, no son para todos las lluvias? Pues lo mismo deben ser los beneficios sociales; deben repartirse igualmente entre todos los hombres». Y San Gregorio decía: «Es lo mismo que el salteador de camino y que el asesino que despoja a su víctima, aquel que saca el más mínimo interés a su dinero».

Señores Diputados, si los libros de vuestra moral, los fundadores de vuestra moral, dicen esto, ¿vais a condenar la Internacional porque diga lo mismo? Pues quemad el Evangelio y quemad los libros de la Iglesia.

Yo soy justo, soy imparcial. No me gusta extremar nunca más argumentos. Si el cristianismo cayó en estas utopías, si negó la propiedad fue porque necesitaba producir una gran reacción espiritualista, contra las tendencias sensuales, groseras, materialistas, de aquella sociedad romana, que se halla encenagado en los placeres de una continua orgía, de la cual no hubiera podido sacarla sino aquel Mártir sublime, cuyos labios solo se abrieron para bendecir, cuya vida solo se consagró a una idea, por la cual aceptó la muerte, levantando sobre la sociedad moderna la cruz, de cuyo pie descienden estos principios de libertad, de igualdad, de fraternidad, que realizados, harían del planeta un espejo del universo, harían de la sociedad una familia de hermanos y harían de nuestro espíritu un destello de Dios. (Aplausos.)

Si yo reconozco que el cristianismo comenzó para realizar fines sociales necesarios por utopías que le eran en aquel momento indispensables, ¿por qué no habéis de reconocer vosotros que en este grande movimiento social en que nos estamos transformando, la utopía ha de entrar también, porque la utopía es como el oriente de todas las ideas?

Señores Diputados, dice el señor Ministro de la Gobernación: «Todas las naciones modernas, todas, se han asustado de la Internacional, todas están embargadas por esa idea, no Piensan en otra cosa». Y creyendo en una vulgaridad de los periódicos, dice que se va a fundar, señores, ¡parece imposible!, una nueva alianza de todos los Estados contra la Internacional. ¿Quién le ha contado eso al señor Ministro de la Gobernación? Aquí está mi argumento capital, mi argumento, digámoslo así, príncipe en esta cuestión; y es un argumento tanto más fuerte, cuanto que es un argumento pura y sencillamente de ciencia experimental.

Hay naciones donde todo el movimiento de espíritu contemporáneo ha estado cohibido, y hasta cierto punto en entredicho; por ejemplo, Francia. En Francia se había dejado durante el imperio cierta libertad a la Internacional; le convenía al imperio que la Internacional dijese que la república no resolvía nada. Pero sucedió que un alto magistrado, por decirlo así, del imperio francés era al mismo tiempo dueño de una grande fábrica industrial. En esta fábrica había entrado uno de los trabajadores más activos de la Internacional, el desgraciado Assy.

Assy había sido soldado por haber sentado plaza. No le convenía la milicia, y desertó. Como es de origen italiano, cuando Garibaldi levantó el pabellón de la libertad y de la independencia de Italia, se fue a las órdenes de Garibaldi. Vino después la amnistía y volvió a Francia. Hábil maquinista, fue admitido en esta grande fábrica de que antes os he hablado. El fabricante quiso intervenir en una caja de ahorros que tenían los trabajadores, y formar él su consejo de administración. Assy protestó y fue despedido. Entonces los trabajadores apelaron a la huelga para que Assy volviese, y Assy volvió y continuó el trabajo. Y tenían un contrato por el cual debía pagar el fabricante a sus trabajadores cierta cantidad de salario; y un día un sábado, sin que nadie hubiese advertido nada, los trabajadores se encontraron rebajado el salario. Entonces apelaron a la huelga. Intervino el Gobierno, tras del Gobierno el ejército, y estuvieron a punto de ser fusilados los trabajadores tanto que las mujeres tuvieron que arrojarse entre filas presentando sus hijos a las bayonetas. Assy fue preso y la Internacional quedó prohibida; y lo primero que se notó en este acto fue la exacerbación de ideas y pasiones en los trabajadores franceses, y al mismo tiempo el aumento de los delegados en los Congresos de Bruselas y de Basilea. Este aumento de prosélitos para todas las causas honra a la naturaleza humana, la cual se inclina siempre al martirio.

Este aumento prueba que la humanidad es generosa; y por consecuencia, que cuanto el señor Ministro de la Gobernación se propone, aumentará los internacionalistas, y nos expondrá a los conflictos en que a cada paso nos encontramos por culpa de las reacciones, que provocan pavorosos conflictos. Y he aquí por qué yo prefería el sistema del Ministerio anterior. Si el Ministerio anterior hubiera continuado su política, o la Internacional hubiera continuado su propaganda, o los tribunales se hubieran encargado de perseguirla; y yo, que estoy cansado de hablar en estas Cortes, hubiera tenido en esta segunda legislatura la ventaja del silencio. Yo no era ni bastante amigo del Ministerio anterior para apoyarle, ni bastante enemigo para combatirle; y ahora con esta vacilación, y esto de no saber si la Internacional ataca o no a la moral del Estado, me veo forzado a sudar tanto y tanto aquí defendiendo la Constitución barrenada por el Ministerio.

Mas prosigamos. He citado el sistema francés. Pues vais a ver el sistema contrario. ¿No nos habéis dicho que nuestra Constitución es la Constitución más liberal de Europa? ¿No lo decís, creo, en vuestros últimos manifiestos? Pues sí es la más liberal de Europa, más liberal que la Constitución suiza, más liberal que la Constitución inglesa, más liberal que la Constitución belga, más liberal que la Constitución prusiana, ¿cómo cabe la Internacional en Suiza, cómo cabe en Inglaterra, cómo cabe en Bélgica, cómo cabe en Prusia, y no cabe la Internacional en España? Y aquí contesto a eso de las preocupaciones de los Gobiernos. ¿No ha leído el señor Ministro de la Gobernación la Memoria presentada al Consejo federal suizo en esta primavera, al abrirse la Cámara federal? Pues en esa Memoria se dice que Suiza lamenta las catástrofes de Francia; que Suiza no puede temerlas, porque allí no hay las diferencias entre las clases, engendradas de los sistemas monárquicos; que Suiza presentará, en lo que compete al Estado federal, leyes encargadas a conseguir de los cantones que den la instrucción de segunda enseñanza, es decir, la instrucción que aquí se da para el grado que se llama de bachiller, y que antes se llamaba de maestros de artes, a todos los suizos; y además procurará por todos los medios que el movimiento de todas las asociaciones obreras, sea cualquiera su título vaya ordenado al respeto de la ley y de la libertad, y sea un movimiento protegido en todo lo que depende de los recursos del Estado. Este es el discurso del

Presidente de un pueblo, aquellos son pueblos libres, aquellos son pueblos varoniles; no se asustan de ninguna idea, mientras que nosotros, nerviosos, histéricos y asustadizos, estamos condenados a vivir perpetuamente en la infancia.

Inglaterra, ¿No se sabe qué, según un periódico inglés que ha venido hace tres días, se dice que hay nada menos que una alianza entre la Internacional y los conservadores en Inglaterra? ¿No se sabe que los conservadores pretenden aliarse a los internacionalistas de Inglaterra para derribar del Poder al Ministerio Gladstone? Y este Ministro, ¿qué ha dicho a los trabajadores hace un mes con motivo de una petición que le han presentado, no sé sobre qué asunto de tributos o de horas de trabajos? Ha dicho a los internacionalistas: Yo comprendo la justicia de las pretensiones de los obreros; creo que cada clase debe ocuparse de mejorar por sí, con los medios de la libertad inglesa, su condición política, moral, económica y social; y si hay pretensiones exclusivas en la clase obrera (que algunas hay, como en todas las clases), a esas pretensiones, la sociedad, que tiene un criterio superior, la sociedad sabrá hacerles justicia. He aquí el lenguaje de un Ministro de una Monarquía tradicional que no pretende para nada ser democrática; de una Monarquía tradicional que tiene una Constitución aristocrática, y que no pretende para nada tener esa magnífica fachada en la cual están escritos los derechos individuales para abrogarlos el día en que le parezca al primer Ministro venido a ese banco. He aquí la diferencia, y voy a concluir, señores Diputados, porque os he molestado mucho; he aquí los procedimientos arbitrarios. Los unos conjuran, aplazan las catástrofes, ilustran, levantan a los pueblos, agitan las conciencias, mientras que los otros traen estas revoluciones, a las cuales nos encontramos nosotros condenados; estas revoluciones, que muchas veces levantan hasta la superficie todo el barro que se estanca en las entrañas de la tierra.

Después de todo, inútiles serán, señores Diputados, vuestros propósitos. Vosotros atacáis algo que no puede morir, algo que coexiste con todos los tiempos y que se reproduce en todas las sociedades. La utopía es un espejismo que podrá ser engañoso, pero que es eterno. El mundo ha convenido en que el arte es mentira, en que la escena es una ficción, en que las figuras de un cuadro son líneas y colores; pero, sin embargo, el mundo nunca abandonará el arte. Pues lo mismo sucede con la utopía. Es como la esperanza eterna, inextinguible; mayor cuanto mayor es la desgracia. Como la esfera terrestre dos polos, ruedan las esferas sociales entre dos utopías, entre la utopía de lo pasado y la utopía de lo porvenir. Esto no podéis impedirlo, es tan fatal como las tres divisiones del tiempo, como las tres fases del pensamiento, como las tres fuerzas del cosmos. Volved los ojos a todos los tiempos, paseadlos por todos los pueblos y decidme dónde no brota una utopía, dónde no hay algún celaje de felicidad extraordinaria y cuasi divina. El mesianismo es el eterno engendro del cautiverio. El preso espera la libertad, el pobre la conclusión de la miseria; junto a cada pena brota su consuelo, como para probar que el mal no puede ser absoluto y eterno. Todo cuanto haya en las utopías de exagerado o de falso, perecerá; pero sobrevivirá todo cuanto haya de verdadero y de progresivo. Como el cuerpo se asimila varias y diversas sustancias, la sociedad se asimila diversas ideas. Pero la utopía existe siempre; existe en el Oriente con los esenios y los terapeutas; existe en el mundo griego, donde aparece en Pitágoras y en Platón, los dos grandes astros que más brillan sobre la cuna y el sepulcro de aquella sociedad; existen en los orígenes del cristianismo con las asociaciones que se despojan de la propiedad individual para acercar el cielo a la tierra;

existe, sin ninguna interrupción, durante la Edad Media en las herejías que se suceden y se encadenan desde el Concilio de Nicea hasta el Concilio de Trento, empeñadas todas en llegar a convertir la propiedad en acerbo común del género humano; existe junto al movimiento más individualista de la historia, junto a la reforma, con los campesinos Y Munzer; existe en Holanda y en Suiza con los anabaptistas, en Inglaterra con los lalollers; existe con Moro junto a Enrique VIII, y Junto a Felipe II con Campanella; existe en el siglo XVII, en el siglo XVIII, en nuestro siglo, como fajas indecisas de grandes ideas extendidas por las conciencias, y que unas se desvanecen y otras forman nuevas sociedades y aseguran la perpetuidad de la vida.

No hay medio de extinguirlas. Campanella estuvo encerrado más de veinte años bajo la férrea mano de Felipe II, y en su cautiverio escribió una utopía que traspasó los muros de su calabozo y que ha llegado íntegra hasta nosotros. ¿Por qué? Por la impotencia de la persecuciones políticas.

Un pensador arrojado a las llamas desaparecerá en cenizas sobre las alas del viento; pero su idea inmortal, su idea incombustible fletará sobre todas las hogueras y se reirá de todos los verdugos, tendiendo su luz en los senos de la conciencia humana.

Invoco la prudencia y la sensatez de la Cámara. ¿Qué vais a votar? Vais a votar cuando menos una ley inútil. Nosotros votamos la paz, vosotros votáis una sociedad secreta, y tras de una sociedad secreta una nueva revolución. ¡Qué Dios bendiga nuestros esfuerzos, y que no castigue Dios tan justamente como ellos lo merecen, vuestros grandes y quizá irremediables errores! (Estrepitosos aplausos.)

Libros a la carta

A la carta es un servicio especializado para
empresas,
librerías,
bibliotecas,
editoriales
y centros de enseñanza;
y permite confeccionar libros que, por su formato y concepción, sirven a los propósitos más específicos de estas instituciones.

Las empresas nos encargan ediciones personalizadas para marketing editorial o para regalos institucionales. Y los interesados solicitan, a título personal, ediciones antiguas, o no disponibles en el mercado; y las acompañan con notas y comentarios críticos.

Las ediciones tienen como apoyo un libro de estilo con todo tipo de referencias sobre los criterios de tratamiento tipográfico aplicados a nuestros libros que puede ser consultado en Linkgua-ediciones.com.

Linkgua edita por encargo diferentes versiones de una misma obra con distintos tratamientos ortotipográficos (actualizaciones de carácter divulgativo de un clásico, o versiones estrictamente fieles a la edición original de referencia).

Este servicio de ediciones a la carta le permitirá, si usted se dedica a la enseñanza, tener una forma de hacer pública su interpretación de un texto y, sobre una versión digitalizada «base», usted podrá introducir interpretaciones del texto fuente. Es un tópico que los profesores denuncien en clase los desmanes de una edición, o vayan comentando errores de interpretación de un texto y esta es una solución útil a esa necesidad del mundo académico.

Asimismo publicamos de manera sistemática, en un mismo catálogo, tesis doctorales y actas de congresos académicos, que son distribuidas a través de nuestra Web.

El servicio de «libros a la carta» funciona de dos formas.

1. Tenemos un fondo de libros digitalizados que usted puede personalizar en tiradas de al menos cinco ejemplares. Estas personalizaciones pueden ser de todo tipo: añadir notas de clase para uso de un grupo de estudiantes, introducir logos corporativos para uso con fines de marketing empresarial, etc. etc.

2. Buscamos libros descatalogados de otras editoriales y los reeditamos en tiradas cortas a petición de un cliente.